المقسوس التوتي

البهشيَّة مائية الأوراق

التمر حنا الإفرنجي

القابوق خماسي الأسدية

الكاكايا

الجوز

الأرزية الأوروبية

دار جامعة حمد بن خليفة للنشر
صندوق بريد 5825
الدوحة، دولة قطر

www.hbkupress.com

كتاب الأشجار

LE LIVRE AUX ARBRES

Text Copyright © Nathalie Tordjman

Illustrations Copyright © Judith Simler & Julien Norwood

LE LIVRE AUX ARBRES © Edition Belin | Humensis, 2020

جميع الحقوق محفوظة.

لا يجوز استخدام أو إعادة طباعة أي جزء من هذا الكتاب بأي طريقة دون الحصول على الموافقة الخطية من الناشر باستثناء حالة الاقتباسات المختصرة التي تتجسد في الدراسات النقدية أو المراجعات.

الطبعة العربية الأولى عام 2020

دار جامعة حمد بن خليفة للنشر

الترقيم الدولي: 9789927141409

تمت الطباعة في الدوحة، قطر.

مكتبة قطر الوطنية بيانات الفهرسة – أثناء – النشر (فان)

توردجمان، ناتالي، مؤلف.

[Livre Aux Arbres]. Arabic

كتاب الأشجار / تأليف ناتالي توردجمان ؛ رسوم إيزابيل سيميلر وجوليان نوروود. الطبعة العربية الأولى. – الدوحة : دار جامعة حمد بن خليفة للنشر، 2020.

صفحة ؛ سم

تدمك: 9-140-714-992-978

ترجمة لكتاب: Le Livre Aux Arbres.

1. الأشجار -- أعمال للناشئة. 2. الأشجار -- دورة الحياة -- أعمال للناشئة. أ. سيميلر، إيزابيل، رسام. ب. نوروود، جوليان، رسام. ج. العنوان.

QK475.8.T67125 2020

202027624961   582.16 – dc23

تأليف: ناتالي توردجمان

رسوم: إيزابيل سيملير وجوليان نوروود

كتاب الأشجار

دار جامعة حمد بن خليفة للنشر

HAMAD BIN KHALIFA UNIVERSITY PRESS

ما الأشجار؟ 9

النباتات المذهلة 10
تحت المجهر أجزاء الشجرة 11
الجذع مادة صلبة! 12
المسابقة من يتشبث باللِّحاء؟ 13
أوراق بأعداد هائلة! 14
تحت المجهر أوراق بسيطة أو مركبة؟ 15
إضاءة الشجرة خلال عام من عمرها 16
برج المراقبة في المنتزه 18

كيف تنمو الشجرة؟ 21

النمو والتفرُّع 22
الورشة الصغيرة قِسْ شجرة! 23
شرب الماء من الجذور 24
تحت المجهر أربعة أشكال للجذور 25
الغذاء في الأوراق 26
المسابقة اختبار عن نمو الأشجار 27
إضاءة الأشجار تدافع عن نفسها 28
برج المراقبة في غابة معتدلة المناخ 30

كيف تولد الشجرة؟ 33

لكل شجرة بذرتها الخاصة 34
تحت المجهر البذور المسافرة........ 35
دور الأزهار 36
تحت المجهر أشجار من جنسين مختلفين 37
التكاثر بطريقة مختلفة 38
الورشة الصغيرة ازرع شجرة! 39
إضاءة حياة شجرة 40
برج المراقبة في البستان 42

ما قدرات الأشجار؟ 45

أبطال التكيف 46
تحت المجهر الأشجار تقاوم العقبات........ 47
منتِجات الخشب........ 48
المسابقة الخشب من حولك 49
الأشجار المنتجة للثمار 50
تحت المجهر حيوانات تتغذى على الأشجار........ 51
إضاءة مواهب مدهشة 52
برج المراقبة في ريف الدول المتوسطية........ 54

أشجار مذهلة 57

الأرقام القياسية للأشجار 58
أشجار أوراقها متساقطة........ 60
الأشجار دائمة الأوراق 62
أشجار الزينة 64
أشجار مذهلة........ 66
ثمار لذيذة 68
فهرس 69
حلول المسابقات........ 69

5

ما الأشجار؟

>>>>>——<<<<<

النباتات المذهلة

الأشجار نباتات تمتد عاليةً نحو السماء.

للأشجار خمس مميِّزات

* تنمو على عود واحد يسمَّى **الجذع**، وقد يصبح غليظًا جدًّا، وتتفرع منه أغصان.
* تنتج مادة صلبة تسمَّى **الليجنين**، وهي المكوِّن الأساسي للخشب.
* تثبتُ في الأرض بواسطة **الجذور**، فتنمو وتعيش في المكان ذاته.
* تعمِّر عشرات السنين، إنها نباتات **طويلة العمر**.
* تنمو عليها **الأزهار والثمار**.

هذه النباتات ليست أشجارًا!

النخلة

لا أغصان لها، وجزؤها الشبيه بالجذع هو بقايا أوراقها الذابلة.

الخيزران

لا أغصان له وساقه خاوية.

أشجار بأحجام مختلفة!

شُجَيْرة منخفضة

الخلنج

لا يزيد ارتفاعها عن متر واحد.

جَنَبة

الرتم

يتراوح ارتفاعها بين 4 و5 أمتار.

شُجَيْرة

البندق

يتراوح ارتفاعها بين 6 و8 أمتار.

تحت المجهر

أجزاء الشجرة

شجرة السنديان القويُّ

- القِمَّة أعلى أجزاء الشجرة، وتلتقي عندها الأغصان.
- الأوراق
- التاج هو مجموع الأغصان والغُصَيْنات والأوراق.
- الغُصَيْن هو غصن صغير.
- الغصن
- الجذع
- طوق الجذع هو نقطة التقاء الجذع بالجذور.
- شبكة الجذور متناهية الدقة.
- الجذور تتفرَّع مثل الأغصان، ويُقال عنها متشعِّبة.

التاج يعطي هيئة مميزة لكل نوع من الأشجار. وميزة شجرة السنديان شكلها البيضاوي.

الجذع مادة صلبة!

الجذع صلب وثابت ويحمل ثقل التاج أي مجموع الأغصان.

اللِّحاء أي القشرة الحامية

اللحاء ذو دور حيوي لا تعيش الشجرة من دونه. وتحمي القشرةُ، مهما اختلفت سماكتها، الجزءَ الحيَّ من الخشب من الأمطار والشمس والبرد وهجمات الحيوانات.

النسغ يجري تحت اللِّحاء

النسغ مادة سائلة أشبه بالدم بالنسبة للشجرة، فهو يروي كل أجزائها باتباع دورتين اثنتين:

* **النسغ المحضَّر** يسيل من التاج نحو الجذور عبر طبقة رقيقة من الخشب الموجود تحت القشرة مباشرة. ويكون هذا النسغ غنيًّا بالمغذيات (السكريات) التي تسمح للشجرة بالحياة والنمو.
* **النسغ الخام** مكوَّن من الماء والأملاح المعدنية، وينساب من الجذور نحو تاج الشجرة. ويجري تحت الطبقة الأكثر سماكة من الخشب.

القشرة تتغيَّر كلَّما زاد نمو الجذع.

بتيولا صغيرة

* القشرة لدى الأشجار الصغيرة تكون ملساء، وخضراء أحيانًا.

صنوبر بحري

* القشرة لدى الأشجار المعمِّرة تصبح غليظة، ورمادية اللون أو بنية.

الدُّلب

* الطبقة الخارجية للقشرة تتجدَّد في بعض الأشجار بانتظام، فتسقط على شكل لويحات عند شجر الدلب، وعلى شكل شرائط عند شجرة الكرز والأوكالبتوس، أي الكينا.

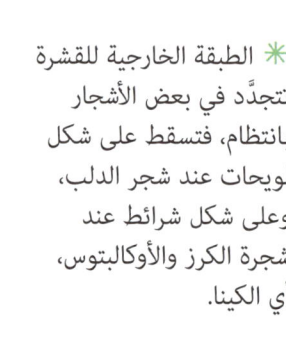

القشرة

الخشب حيث يسيل النسغ المحضَّر

الخشب حيث يسيل النسغ الخام

الخشب في المنتصف ميت ولا يمر النسغ خلاله.

10

المسابقة

من يتشبث باللِّحاء؟

1. خازن البندق طائر ينقر قشرة الأشجار في الشتاء كي...

- أ يصطاد الحشرات والعناكب.
- ب يكسر حبات البندق المحشورة داخل القشرة.
- ج يحفر عشًّا داخلها.

2. الدِّبق نبات شكله كروي يلتصق بالغصن كي ...

- أ يهاجم الثمار.
- ب يحمي نفسه من القوارض.
- ج يمتص نسغ الشجرة.

3. تنمو الأشنة غالبًا على لحاء الشجرة. ولكن من أي جهة؟

- أ من الجهة الأكثر رطوبة.
- ب من جهة الشمال دائمًا.
- ج من جهة الجنوب دائمًا.

4. اللَّبلاب نبات متسلق يتشبث بقشرة الأشجار كي...

- أ يمتص نسغ الشجرة.
- ب يبحث عن المزيد من الضوء.
- ج يحمي الجذع.

أوراق بأعداد هائلة!

يوجد أنواع كثيرة من الأوراق. وتميِّز أشكالها وتنسيقاتها كل صنف من أصناف الشجر.

الورقة تتألف من جزأين:

* الجزء الرئيس للورقة يسمَّى **النصل**، يكون مسطحًا، وتتخلله **عروق** يسيل فيها النسغ.
* يختلف شكل النصل باختلاف الشجرة ومنه: الدائري، البيضاوي، الراحي (مثل راحة الكف)، الإبري. ويكون طرفه أملسَ أو متموِّجًا أو مسنَّنًا...
* أما **العنق** الذي يختلف طوله باختلاف نوع الأوراق، يثبِّت النصل بالغُصَيْن.

نوعان من الشجر

الأشجار **المورقة** تحمل أوراقًا ذات نصل عريض، وقد تكون بسيطة أو مركبة.

شجرة الكستناء أوراقها بسيطة

* الصنوبريات هي الأشجار التي يكون نصل أوراقها رفيعاً، ولها عرق واحد، وتكون إبرية الشكل مثل ورق الصنوبر، أو على شكل حراشف مثل شجر السرو.

الصنوبر البرِّي

تتناسق الأوراق بثلاث طرق مختلفة.

الأوراق المتناوبة

غُصَيْن شجرة الزان

تنمو هذه الأوراق الواحدة بعد الأخرى، على مستويات مختلفة من الغُصَيْن.

الأوراق المتقابلة

غُصَيْن القيقب الحقلي

تتموضع هذه الأوراق الواحدة مقابل الأخرى على الغُصَيْن.

الأوراق الدوَّارة

غُصَيْن العرعر

ترتبط كل ثلاث أو أكثر من هذه الأوراق الإبرية الشكل عند النقطة ذاتها على الغُصَيْن.

تحت المجهر

أوراق بسيطة أو مركبة؟

الأوراق البسيطة يتكوَّن نصلها من جزء واحد.

عرق أساسي
عنق قصير
طرف مكوَّن من فلقات دائرية

ورقة البلّوط

طرف مكوَّن من 3 إلى 5 فلقات مثلثة
5 عروق أساسية
عنق طويل

ورقة الدُّلب

طرف أملس
عرق أساسي
عنق قصير
طرف خلفي فضي

ورقة الزيتون

الأوراق المركبة لها نصل تتصل به عدة وريقات، وتسمَّى الواحدة منها ورَيْقة.

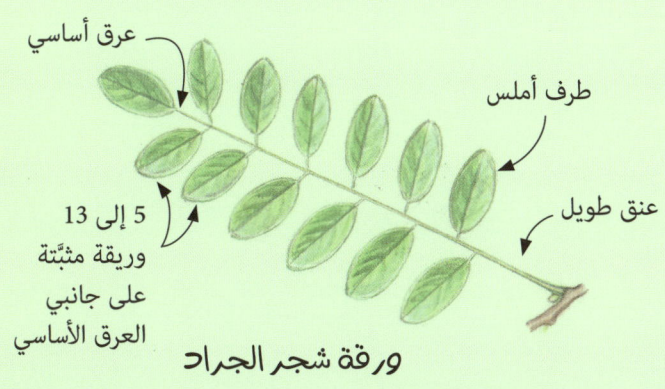

عرق أساسي
طرف أملس
عنق طويل
5 إلى 13 وريقة مثبَّتة على جانبي العرق الأساسي

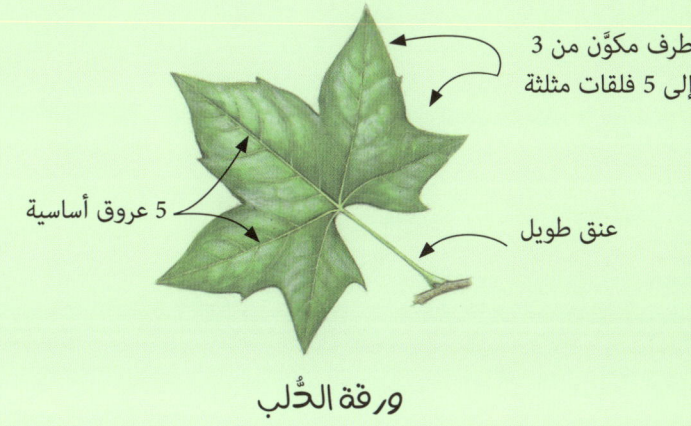

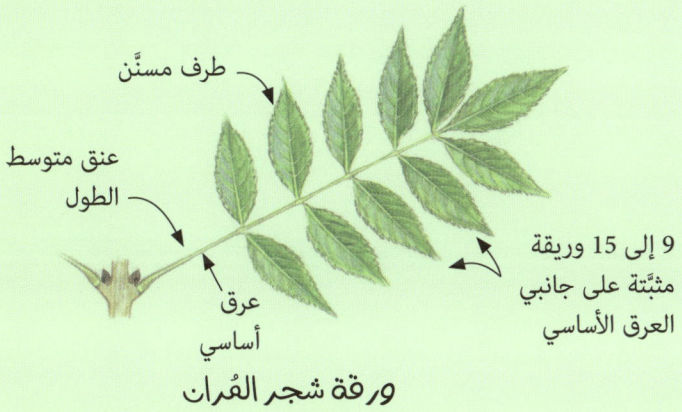

ورقة شجر الجراد

طرف مسنَّن
عنق متوسط الطول
9 إلى 15 وريقة مثبَّتة على جانبي العرق الأساسي
عرق أساسي

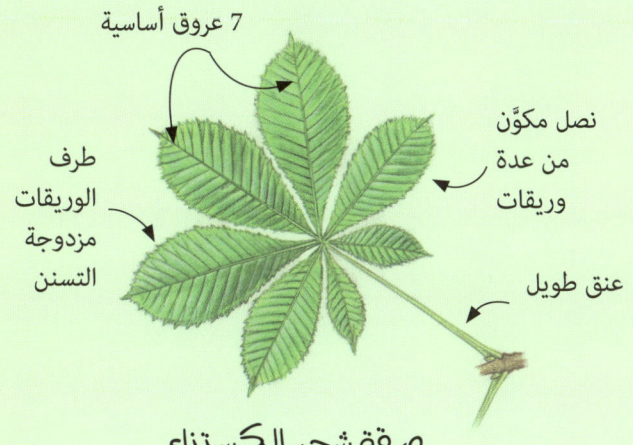

ورقة شجر القُران

7 عروق أساسية
نصل مكوَّن من عدة وريقات
طرف الوريقات مزدوجة التسنن
عنق طويل

ورقة شجر الكستناء

ابحث عن الأوراق التي لديها عرق أساسي واحد!

13

إضاءة

الشجرة خلال عام من عمرها

الصنوبريات أشجار تحتفظ بأوراقها الإبرية طوال العام، فأوراقها دائمة.
الأشجار المورقة التي تتعرى أغصانها في فصل الخريف، أوراقها ساقطة.

شجرة صنوبرية: التنوب الشوحي

الأشجار الصنوبرية مثل التنوب الشوحي تحتفظ بأوراقها الإبرية لفترة تتراوح بين 5 و9 سنوات، وتتجدَّد تباعًا.

في الصيف

تصبُّ شجرة التنوب الشوحي كل طاقتها لإنتاج الخشب في غصيناتها اليافعة، وإنبات البراعم للسنة التالية.

في الخريف

تتساقط الإبر الأقدم، لكن الشجرة تبقى خضراء طوال العام.

في الشتاء

تكون براعمها محميَّة بحراشف تغلِّفها مادة صمغية تسمَّى الراتنج. إبرها لا تخشى الصقيع، والثلج لا يعلق على أغصانها.

في الربيع

إنه الفصل الوحيد الذي تكبر خلاله شجرة التنوب الشوحي. تنمو براعمها لتصبح غصينات جديدة، وتنبت إبرًا جديدة في أطراف الغُصَيْنات، وتزهِر.

شجرة مورقة: شجرة الكرز

الأشجار المورقة، مثل شجرة الكرز، أوراقها عريضة ولا تدوم أكثر من صيف واحد. لكنّها تتجدَّد كل عام.

في الصيف

تكون أوراق شجرة الكرز بكامل نموها. أمَّا البراعم الصغيرة النابتة عند قاعدة الأعناق تكبر لتصبح غُصَيْنات، أو أوراقًا، أو أزهارًا في عامها التالي.

في الخريف

تقصر الأيام، ولا تحصل الأوراق على غذائها من النسغ، فتجف وتتساقط.

في الربيع

تطول الأيام، ويعود النسغ للانسياب تحت اللِّحاء. تكبر البراعم، وبعضها يزهِر، كما تنمو الأوراق بسرعة.

في الشتاء

لا تحمل الشجرة أية أوراق. تعيش ببطء مع احتفاظها باحتياط غذائي في جذورها. ولا خوف على البراعم من الجليد إذ تحميها حراشف تغلفها.

في المنتزه

أرز لبنان
الصفصاف البابلي
الزيزفون البلدي
الموز

برج المراقبة

1. أي شجرة لها أوراق فضية؟

2. أي شجرة مغروسة في منتصف الحديقة؟

3. أي شجرة تخسر قشرتها على شكل لويحات؟

4. أي شجرة تقلَّم على شكل سياج؟

الدلب الهسباني

الشرد

الكستناء الهندي

5. أي شجرة لها أغصان تنسدل حتى الأرض؟

6. أي نبتة تشبه الشجرة بارتفاعها وليس لها جذع؟

7. أي شجرة صنوبرية لها قمة مسطحة؟

8. أي شجيرة قلِّمت بشكل كروي؟

كيف تنمو الشجرة؟

النمو والتفرُّع

تنمو الشجرة طوال حياتها بسرعات متفاوتة.

الجذع يغلظ

يتكوَّن خشب الجذع من طبقات متتالية تحت القشرة. وتتشكل، في المناطق المعتدلة، طبقتان من الخشب سنويًا. تنمو طبقة في فصل الربيع، فتكون **عريضة** ويسيل داخل خشبها **الفاتح اللون**، ويتصاعد نسغ غزير في العروق العريضة. وتنمو الطبقة الثانية في فصل الصيف وتكون **رقيقة**، وداخل خشبها **القاتم اللون**، ينساب النسغ ببطء في العروق الضيقة.
وهكذا ينمو الجذع والأغصان والجذور.

حلقات النمو

تتكوَّن الحلقة من طبقة خشبية فاتحة اللون وأخرى قاتمة اللون. ويمكننا تقدير **عمر الشجرة** بعدد حلقاتها. ويوجد في قلب الجذع حلقات هي الأقدم ولا يسيل فيها النسغ، إنَّه خشب ميت، شديد الصلابة،
يوفر الدعم للشجرة.

القشرة
الخشب الحيُّ
الخشب الميت

الحلقة
تشير كل حلقة إلى عام من عمر الشجرة. والحلقات ليست بالقياس ذاته، فحين تكون الظروف الجوية سيئة، تصبح الحلقات أقلَّ سماكة.

الشجرة تنمو عموديًّا

البرعم الطرفي
الغُصَيْن
البراعم
العنق

* **في الصيف**، تتشكل البراعم عند قاعدة العنق.

البراعم النائمة

* **في الخريف**، تسقط الأوراق.

* **في الشتاء**، لا يبقى سوى البراعم النائمة وتحميها حراشف بنية تغلفها.

* في الربيع، تقع حراشف البرعم الطرفي. وينمو الساق ويطول الغُصَيْن. والبراعم التي نبتت في الصيف الذي سبق تنمو وتحمل أوراقًا جديدة.

البرعم الطرفي الجديد
البراعم الجديدة
الأوراق الجديدة

الورشة الصغيرة

قِسْ شجرة!

قدِّر ارتفاع الشجرة

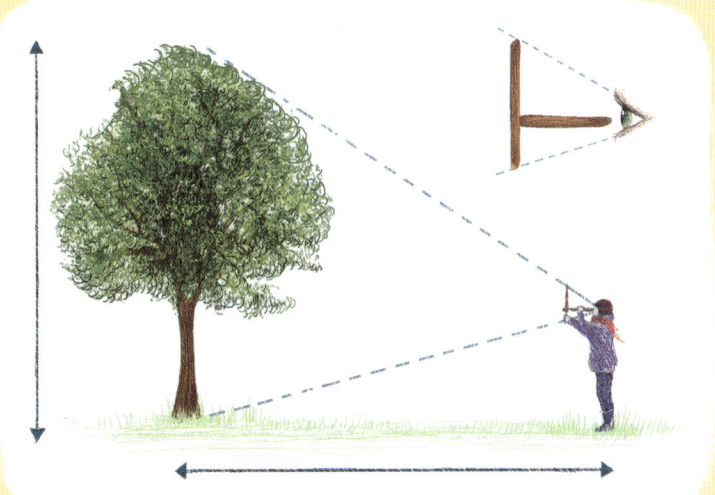

1. اختر شجرة منعزلة يمكنك أن تراها كاملة.
2. خذ عودين مستقيمين وبالطول نفسه أي 20 سم مثلًا. ضع عودًا أفقيًا على مستوى عينيك والعود الآخر عاموديًا عند طرف العود الأول (وفقًا للرسم).
3. اجعل الشجرة نصب عينيك. تقدم إلى الأمام أو ارجع إلى الخلف إلى أن يتوافق طرفا العود العمودي مع قاعدة جذع الشجرة وقمتها.
4. حين تضبط التوافق، ضع علامة على الأرض بقدمك. ثم قم بقياس المسافة التي تفصلك عن الشجرة بواسطة المتر. تلك المسافة تساوي ارتفاع الشجرة.

قِسْ محيط جذع الشجرة وقطرها

1. خذ حبلًا وأحط به جذع الشجرة، على مستوى صدرك.
2. قم بقياس طول الحبل بواسطة متر، وسوف تحصل على محيط الجذع.

3. اقسم محيط الجذع (بالسنتيمترات) على 3.14. على سبيل المثال، إن كان محيط الجذع يساوي متراً واحداً (100 سنتيمتر)، نحسب قطر الجذع بقسمة 100 ÷ 3.14. ويكون قطر الجذع 32 سم.

شرب الماء من الجذور

تحتاج الشجرة إلى كميات كبيرة من الماء!

الدور الأول للجذور

تتمدد الجذور كي تستقي الماء من الأرض. ويتم امتصاص الماء عبر الجذور الأكثر دقة. وتشكِّل الجذور الدقيقة شبكة تتجدد بانتظام، على غرار الأوراق.

فريق متميز

تعيش الفطريات داخل جذور الشجر أو عليها. وتساعد الشجرة على امتصاص الماء الغني بالأملاح المعدنية، التي تشكل النسغ الخام.

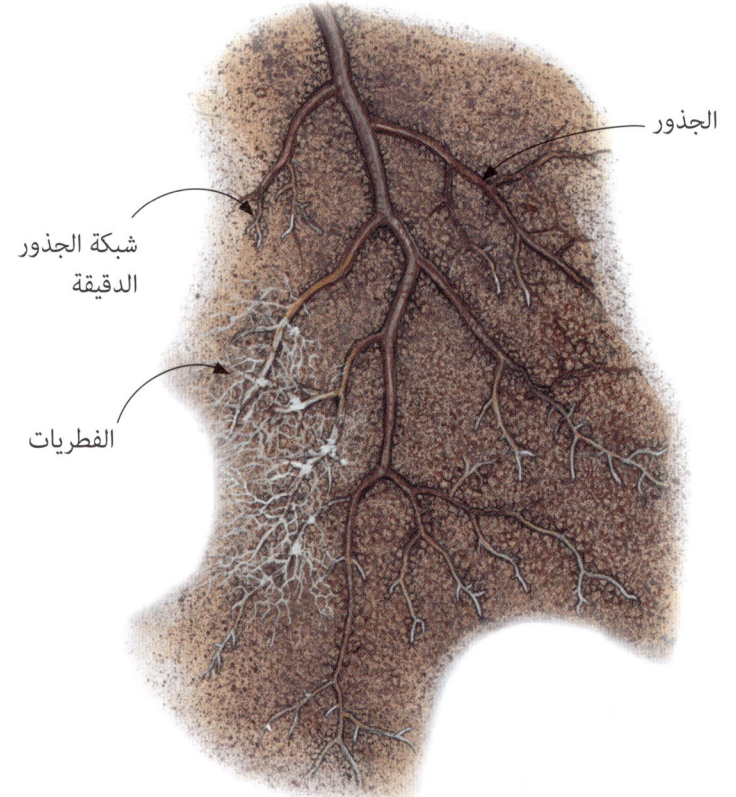

- الجذور
- شبكة الجذور الدقيقة
- الفطريات

دوران إضافيان للجذور

تثبيت الشجرة في الأرض

- الجذر الرئيس
- شبكة الجذور الدقيقة
- الجذور الثانوية

تكوِّن الجذور الأساسية والثانوية التي تتشكل من الخشب أساسات الشجرة، وتحول دون سقوطها بفعل الريح. ولا تختفي الجذور إلا بعد موت الشجرة.

تخزين الغذاء الاحتياطي

في الشتاء، لا ينساب النسغ في الشجرة.

في الصيف والخريف، تخزن الشجرة احتياطات غذائية في جذورها. في الشتاء، تحمي هذه الاحتياطات الجذور من الصقيع. أمَّا في الربيع، فتغذِّي الأوراق الجديدة وتنمِّيها.

22

تحت المجهر

أربعة أشكال للجذور

يختلف شكل الجذور باختلاف نوع الشجرة وعمرها، والعوائق التي تواجهها في التربة.

الجوز

الجذور الوتدية

تنطلق من الجذر الرئيسي الذي يشكِّل وتدًا محوريًّا، وتغوص عميقًّا في التربة.

الزان

الجذور المائلة أو العرضية

تنطلق الجذور في كل الاتجاهات.

التنوب الشوحي

الجذور الممتدة

تمتد أفقيًّا وتخرج أحيانًا من التربة.

النغت

العُقد الجذرية

تتعاون مع الفطريات والبكتيريا لتشكيل عُقدٍ تغذي الشجرة، وتتيح لها النمو في التربة الفقيرة.

العُقد

الغذاء في الأوراق

تُعِدُّ الأشجار غذاءها في أوراقها الخضراء.

مكوّنات أساسية

تستمد الشجرة غذاءها من **ثاني أكسيد الكربون** في الهواء، إذ تمتصه الأوراق الخضراء عبر ثقوب صغيرة جدًّا تسمى **الثغور**.
وتتغذى الشجرة من **الماء** (H_2O) التي تمتصها الجذور، وتنقلها إلى الأوراق عبر **النسغ الخام** الذي يجري في الخشب الحيِّ.

كيف تُنتج الشجرةُ الغذاءَ؟

تنتج الشجرة غذاءها خلال النهار، لأنها تحتاج للطاقة من ضوء الشمس كي تجمع ثاني أكسيد الكربون والماء في أوراقها. وهذا ما نسمِّيه **التمثيل الضوئي**.
تتشكل عندئذ السكريات في **النسغ المحضَّر** الذي ينساب ويغذي كل أجزاء الشجرة، كما الماء أيضًا (H_2O)، والأوكسجين (O_2) الذي تطلقه الأوراق في الهواء.

التمثيل الضوئي

أشعة الشمس — الماء — الأوكسجين — ثاني أكسيد الكربون — النسغ الخام — النسغ المحضَّر — الثغور

أهمية التمثيل الضوئي

خلال التمثيل الضوئي، تلفظ الشجرة في الهواء الأوكسجين الذي يساعد الكائنات الحيّة على التنفس.

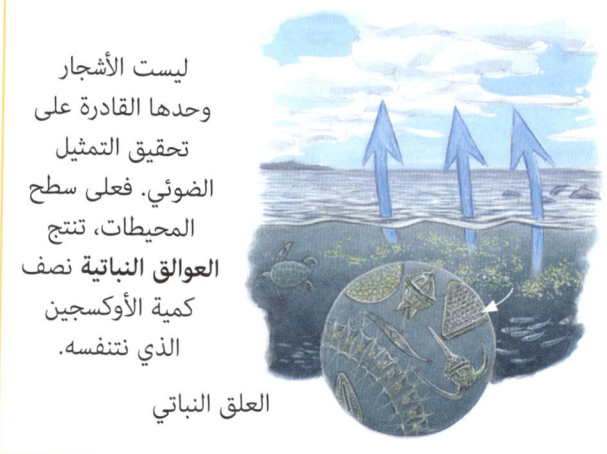

ليست الأشجار وحدها القادرة على تحقيق التمثيل الضوئي. فعلى سطح المحيطات، تنتج **العوالق النباتية** نصف كمية الأوكسجين الذي نتنفسه.

العلق النباتي

(أوكسجين) (ثاني أكسيد الكربون) (ثاني أكسيد الكربون) (أوكسجين)

تتنفس الأشجار نهارًا وليلًا، فهي تستهلك الأوكسجين وترمي ثاني أكسيد الكربون. ولكنها تنتج خلال النهار، بفضل التمثيل الضوئي، كمية من الأوكسجين تفوق ما تستهلكه، وتمتص كمية من ثاني أكسيد الكربون أكبر من تلك التي تلفظها. وبذلك تجدد تركيبة الهواء وتوازن **المناخ على كوكبنا**.

العسابقة

اختبار عن نمو الأشجار

1. حين تكبر الشجرة، نجد الأرجوحة المتدلية من غصنها...

أ أعلى منه.

ب أكثر منه انخفاضًا.

ج بنفس ارتفاعه.

2. الشجرة تحتاج كي تنمو إلى...

أ الماء.

ب الماء وأشعة الشمس.

ج الماء والهواء وأشعة الشمس.

3. الشجرة تنتج غذاءها من...

أ أوراقها الخضراء.

ب خشبها.

ج لحائها أي قشرتها.

4. كي تمتص الشجرة الماء...

أ تتعاون الجذور مع الفطريات.

ب تمدّ جذورها نحو البحيرة.

ج تلتقط مياه المطر عبر أوراقها.

إضاءة

››››› الأشجار تدافع عن نفسها ‹‹‹‹‹

حين تتعرَّض الأشجار لأي هجوم، فإنَّها لا تصرخ ولا يمكنها الهرب، لكنَّها تدافع عن نفسها، وتحمي نفسها، وتعالج نفسها أيضًا.

الأشجار تحمي نفسها

أوراق شائكة
أوراق شجرة البَهْشِيَّة مائية الأوراق تحيط بها الأشواك. تتحاشى الحيوانات أكلها خشية إصابتها بجروح. ولكن على قمة هذه الشجرة البعيدة عن متناول الحيوانات آكلة الأعشاب، تنمو أوراق مسطحة وخالية من الأشواك.

عناصر سامة
ينتج شجر الطقسوس التوتي السمَّ داخل أوراقه، وغُصَيْناته، وقشرته، وبذوره. وحده لبُّ الثمار غير سام وتتغذى عليه الطيور. ولكن في حال أقدم حيوان متهور من أكلة الأعشاب على قضم الأوراق، يمرض إلى حدٍّ يمنعه من تكرار المحاولة مجددًا.

أشواك منفِّرة
تنفِّر شجرة الروبينية السنطية الحيوانات آكلة الأعشاب، بفضل أشواكها الحادَّة جدًّا التي تعلو غُصَيْناتها.

الأشجار تعالج نفسها

معالجة وقائية

تضع بعض الحشرات بيوضها على الأوراق. ولكي تحمي الشجرة نفسها، تنتج غلافًا حول البيض يسمَّى العفْصة. وبذلك تغذي الشجرة اليرقات كي تمنعها من قضم أوراقها.

ندبة مفيدة

عند اقتلاع غصن كبير من أغصانها، تداوي الشجرة جرحها بإنتاج خشب خاص يغطي الجرح ويمنع الأمراض من إتلاف جذعها.

العفْصة

مرهم فعَّال

عندما تهاجم الحشرات قشرة شجرة الكرز لامتصاص نسغها، يمكن للفطريات أو البكتيريا أن تتغلغل في الشجرة، ما يعرضها لخطر اهتراء خشبها. عندها تنتج شجرة الكرز صمغًا لاصقًا لعلاج جرحها.

صمغ لاصق

في غابة معتدلة المناخ

الصنوبر البري
شجرة الجوز
الزان
الزيزفون
صغير الأوراق

برج المراقبة

1. أي شُجَيْرة تنمو عند حافة الغابة؟

2. على أي شجرة يقف طائر أبو زريق؟

3. أي شجرة تمنع نمو أي نبات عند قاعدتها؟

4. أي شجرة ينقرها طائر نقَّار الخشب ليبني عشَّه؟

5. أي شجرة لديها قشرة برتقالية؟

6. تحت أي شجرة يكسر السنجاب صنوبر؟

7. أي شجرة لها قشرة بيضاء فضية؟

8. ما نوع تلك الشجيرات البريَّة الشائكة؟

كيف تولد الشجرة؟

لكل شجرة بذرتها الخاصة

تولد الشجرة عادة من البذرة. وقبل أن تصبح عملاقة، تكون في بداياتها ساقًا رقيقةً جدًّا!

البذرة هي الأصل

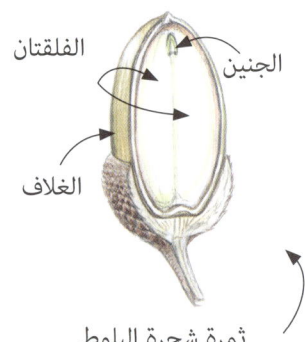

تحوي البذرة **الجنين** الذي يصبح شجرة في المستقبل، وكذلك الاحتياط الغذائي المخزَّن في **الفلقتين**. وتحتمي البذرة ومكوناتها داخل غلاف يغطيها.

ثمرة شجرة البلوط

طريقة للإنبات لدى الأشجار المورقة

1. في فصل الربيع، عندما تصبح التربة ساخنة ورطبة بما فيه الكفاية، تمتلئ البذرة بالماء ويستفيق الجنين، فيولد الجذر الأول الذي يمزق الغلاف كي ينغرس في التربة ويشرب الماء.
2. ثم ينمو ساق فوق التربة.
3. تظهر الأوراق الخضراء الأولى وتسمح للشجرة الصغيرة بالحصول على غذائها. وتصبح فلقاتها فارغة.

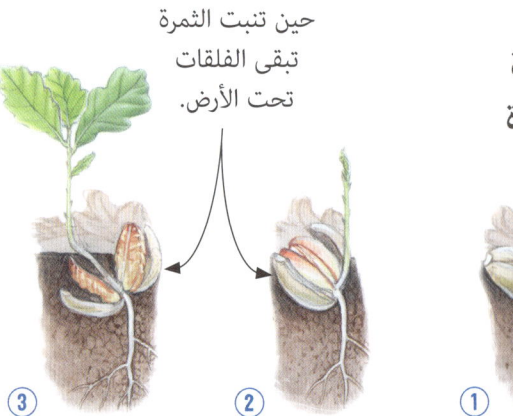

حين تنبت الثمرة تبقى الفلقات تحت الأرض.

ولادة شجرة بلوط صغيرة

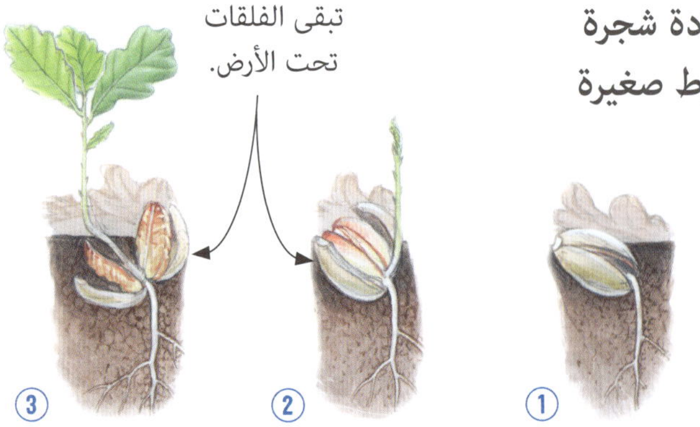

طريقتان إضافيتان للإنبات

عند أشجار مورقة أخرى

حين تنبت البذرة، ترتفع الفلقات خارج التربة مع الساق. وبما أنَّها خضراء اللَّون، فمن الممكن ألا نميزها عن الأوراق.

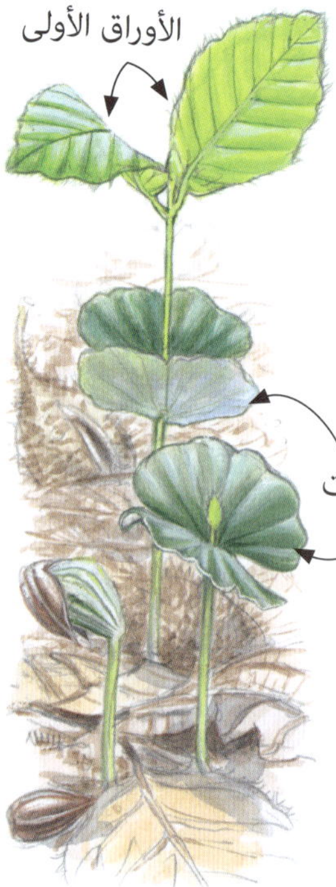

الأوراق الأولى

الفلقات

ولادة شجرة الزان

عند الأشجار الصنوبرية

4. ثم تظهر مجموعات الأشواك الأولى.
3. تخرج الفلقات من الغلاف وتشكِّل نجمة.
2. يحمل الساق عدة فلقات.
1. الساق يخرج من البذرة.

ولادة التنوب الشوحي

» تحت المجهر «

البذور المسافرة
كيف تنبت البذور بعيدًا عن الشجرة التي أنتجتها؟

بذور تطير
يحيط ببذرة **الدردار الأصغر** جناح دائري خفيف الوزن يمكِّن الريح من حملها.

بذور تتدحرج
بذرة **الكستناء الهندي** الضخمة والدائرية، تساعدها قشرتها الملساء على التدحرج على الأرض.

بذور تطفو
تعوم البذور الرقيقة لشجرة **النغت** في مياه الأنهار دون أن تغرق، بفضل عواماتها الصغيرة من الفلين.

بذور تنقلها الحيوانات

يعشق طائر الخسّاف بذور **الصنوبر**، فيجمعها ويخبئها في التربة. وتنبت البذور التي لا يأكلها الطائر.

يكون لبذور **الزان** غلاف شائك يعلق بشعر الخنزير البرِّي. يا له من أسلوب فعَّال للتنقل!

يأكل الثعلب ثمار **الكرز** أو **البلسان** التي تقع على الأرض. وحين تخرج البذور مع فضلاته، تكون جاهزة كي تنبت!

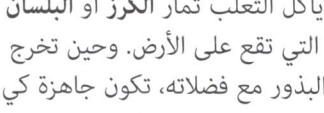
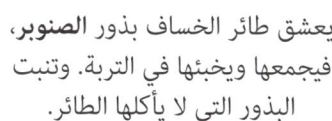

فضلات الثعلب

دور الأزهار

كل الأشجار تزهر عندما تصبح بالغة. وأحيانًا تكون الأزهار مخفية أو عالية جدًّا فلا نلاحظ وجودها.

التكاثر

تضم الزهرة أعضاء الشجرة التناسلية التي بواسطتها تتم عملية التكاثر. **الأسدية** التي تحتوي على غبار **الطلع** هي الأعضاء الذكرية، أما **المدقة** التي تحتوي على **البويضة** هي العضو الأنثوي.

الأزهار ذكرية و/أو أنثوية؟

تجتمع الأعضاء الذكرية والأنثوية في الزهرة ذاتها عند بعض الأشجار، مثل الكرز أو الزيزفون والكستناء.

زهرة الكرز

* وتحمل أشجار أخرى، مثل البلوط والجوز وكل الأشجار الصنوبرية، أزهارًا ذكرية وأزهارًا أنثوية.

أزهار الجوز

الأزهار الذكرية تشكل عناقيد متدلية تسمى العُسَيلات.

الأزهار الأنثوية مخفية

كيف تنتج الأزهار البذور؟

مهما كان نوع الشجرة ونوع أزهارها، لا بدَّ من انتقال بذور الطلع (الذكرية) إلى المدقة (الأنثوية) في زهرة أخرى من نفس نوعها. هذه العملية تسمى **التلقيح**. وتخصِّب بذرة غبار الطلع البويضة فيتشكل الجنين. وهذا يسمَّى **الإخصاب**. وبذلك تتحول كل بويضة ملقحة إلى بذرة!

كيف يصل غبار الطلع إلى مدقة زهرة من نفس نوعها؟

✻ يحملها الهواء

تنقل الريح غبار الطلع من الأزهار الذكرية إلى الأزهار الأنثوية في شجرة أخرى.

أزهار الأرزية الأوروبية

غبار الطلع

زهرة أنثوية

زهرة ذكرية

بعد التلقيح، تتحول الأزهار الأنثوية إلى أكواز تحتوي على بذور.

✻ تنقلها الحشرات

تنجذب الحشرات نحو ألوان الأزهار وروائحها. وعندما تجمع الرحيق، يعلق غبار الطلع على أجسامها. وحين تحطُّ على زهرة أخرى، يستقر غبار الطلع على المدقة.

شجرة الكستناء الهندي

وحدها الأزهار الملقحة تنتج حبات الكستناء.

34

تحت المجهر

أشجار من جنسين مختلفين

تكون شجرة البَهْشِيَّة مائية الأوراق (مثل الصفصاف، والحور، والجنكة) إما ذكرًا أو أنثى.

1. تضم أزهار شجرة البهْشِيِّة مائية الأوراق الذكرية أربع أسداء تطلق غبار الطلع. ولا تكون المدقة فيها متطورة. أما الأزهار الأنثوية في تلك الشجرة، فلها جميعها مدقة مركزية. وتكون الأسدية رقيقة جدًا ولا تحتوي على غبار الطلع.

2. تجذب الأزهار البيضاء والفواحة لشجرة البهْشِيِّة مائية الأوراق الذكرية الحشرات التي تنقل غبار الطلع من شجرة ذكرية إلى شجرة أنثوية.

3. بعد التلقيح، تنتج الأزهار الأنثوية ثمارًا، إنها كرات حمراء صغيرة تحتوي على بذور.

4. تأكل الطيور البذور وتتساقط منها عشوائيًا، إما تقع من فمها أو عبر فضلاتها. وعندما تنبت البذور، تولد شجرة ذكر أو شجرة أنثى.

التكاثر بطريقة مختلفة

تولد أشجار جديدة في بعض الأحيان، دون استخدام البذور أو الأزهار. إنَّه التكاثر اللاجنسي.

طريقة سريعة

عندما تتكاثر الأشجار دون إنتاج بذور، فإنها تستهلك طاقة أقل وتملأ المساحة أسرع. ولكن بما أنها قريبة الواحدة من الأخرى ومتطابقة، يقل احتمال بقائها حيَّة حين يتغير المناخ.

الولادة من غصن

الأشجار مثل البهْشِيّة مائية الأوراق والعفص، التي تتكاثر بواسطة الأزهار والبذور يمكنها أن تولد أيضاً من أحد الأغصان. فعند استلقاء غصنها الطويل والطري على الأرض، تنمو له جذور. ثم يستقيم طرف الغصن ويولد شجرة صغيرة.

البهْشِيّة مائية
الأوراق

الولادة من براعم نائمة

تنمو البراعم لدى أشجار الليلك وأشجار الجراد المعروفة باسم زهرة العنقود على جذر قريب من سطح الأرض. ينبت لها ساق جديد مستقل، ويُنتج جذوراً. إنَّها **نبتة الجذر**.

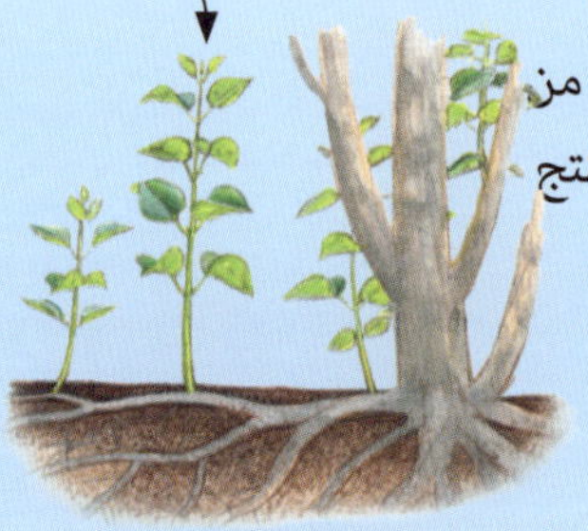

نبتة الجذر
الليلك

ما هو التطعيم؟

ابتكر مزارعو الحدائق تقنية تمكِّن الأشجار من إنتاج ثمار أكبر حجمًا وأكثر عددًا، إنَّه التطعيم.

* حين تنبت من نواة التفاحة شجرة ذات جذور قوية، ولكن ثمارها تكون غالبًا صغيرة.

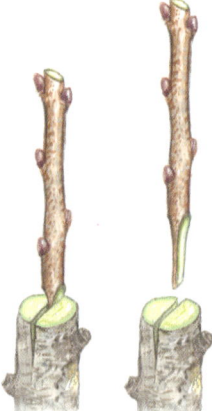

* حين تكون الشجرة الشابة راسخة جيدًا في التربة، يقطع المزارع قمتها ويضع تحت لحائها غُصَيْنا اقتطعه من شجرة تفاح أخرى، فتنتج تفاحًا جيدًا.

* إذا نجح التطعيم، يصل النسغ من الجذور إلى الغصن الجديد فيتغذى وينتج ثمارًا جيدة.

ورشة العمل الصغيرة

ازرع شجرة!

* اغرس البذور *

1. في فصل الخريف، اجمع حبات الكستناء،
أو البلوط أو الثمار المجنحة مثل القيقب، واختر أفضلها.

2. ضعها في الوعاء في البراد لأنَّ البذور
تحتاج للبرودة كي تنبت.

3. املأ وعاء صغيرًا بالرمل الرطب
وادفن البذور فيه.

4. بعد شهر أو شهرين، أخرج البذور وضعها في إناء يحوي سماكة
3 أو 4 سم من التربة. اسقها بانتظام، تحلَّ بالصبر، فقد تحتاج لشهر
حتى تنبت.

* اصنع فسيلة *

1. عند نهاية فصل الشتاء، خذ طرف
غصن صفصاف مستقيم. يجب أن
يكون بطول 80 سم.

2. ادفنه في التربة الرطبة على عمق
40 سم تقريبًا. دعِ البراعم عالية فوق
سطح التربة.

3. اسقها بانتظام، وستنمو الجذور في
التربة، كما ستبرز الأوراق بسرعة.

تحت المجهر

«»»» حياة شجرة ««««

يمكن للشجرة أن تعيش عشرات بل مئات السنوات.
ويستطيع بعضها التوالد مجددًا.

من الولادة إلى الشيخوخة

أول ورقة من شجرة الشرد

الفلقتان

1. ولادة سريعة
في الربيع، تمتلئ البذرة بالماء. وتنبت بعد بضعة أيام.

الأوراق الجديدة

2. شباب طويل الأمد
تضيف الشجرة الشابة، سنويًّا، حلقة إلى جذعها الذي يزداد ارتفاعًا. وفي فصل الربيع من كل عام، تظهر أوراق جديدة على غُصَيْنات جديدة.

في الشتاء، تحافظ شجرة الشرد غالبًا على أوراقها الجافة.

3. الشجرة البالغة
حين تصل الشجرة لطول بالغ (يكون عمر شجرة الشرد 20 عامًا)، فإنها تتوقف عن النمو. لكنها تزهر للمرة الأولى ثم تنتج الأزهار بذورًا.

في الخريف، تنتج أزهار الشرد الأنثوية عناقيد من البذور.

4. شيخوخة ساكنة
حين تشيخ الشجرة، يضعف إنتاجها للجذور، والأوراق، والبذور. وتصبح غُصَيْناتها أقصر فأقصر، وتموت أغصانها الأكثر ارتفاعًا، وتتسطح قمتها.

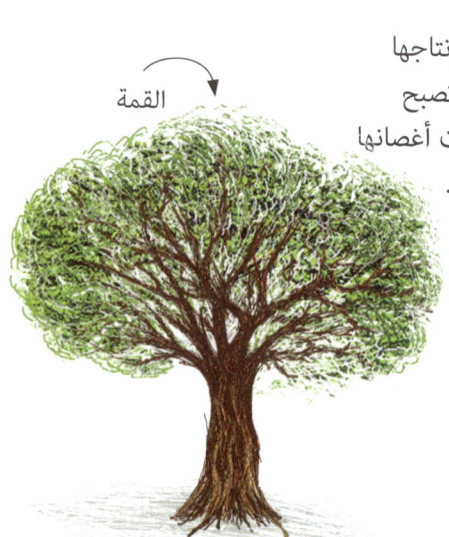

القمة

تزهر شجرة الشرد بعمر 20 عامًا، ويكون طولها 10 أمتار.

38

نهاية الشجرة

* تموت الشجرة ببطء (إلا إذا كانت تعاني من المرض). يتوقف نسغها عن الجريان، وتفقد أوراقها، لكنها تبقى واقفة عدة سنوات.

شجرة الشرد تعيش بين 100 و150 عامًا.

* حين تموت الشجرة وتهوي على الأرض، يهاجمها دود الأرض والفطريات فيتعفن خشبها ويتحلل. وتستقر العناصر الخصبة منها في التربة وتغذي النباتات الأخرى.

قد تستغرق شجرة الشرد بين 10 و20 عامًا حتى تتحلَّل تمامًا، بعد موتها.

الولادة من جديد

* حين نقطع شجرة من جذعها، تنبت على ما تبقى من الجذع بعض الغصينات وتورق. تلك الغصينات المولودة تكون متشابهة.

* الغصينات الوليدة تصبح سيقانًا شابة، وتتغذى دائمًا من جذور الشجرة. تنمو بسرعة لكن جذوعها لا تصبح أكبر من جذع الشجرة الأساسي.

الغضينات الوليدة بعد 25 عاماً على قطع الجذع

الغضينات المولودة فوق الجذع الباقي بعد عام على قطعه.

الجذع

في البستان

شجرة الزيتون

شجرة التين

شجرة السفرجل

شجرة الكمّثرى

برج المراقبة

1. أي شجرة تم تقليمها لتستفيد من دفء الجدار؟

2. أي شجرة تم تقليمها كي تمتد جدًّا؟

3. أي شجرة تعطي ثمارًا تعرف بالسفرجل؟

4. أي شجرة جذعها مرتفع جدًّا؟

شجرة اللوز
شجرة الكرز طويلة الساق
شجرة التفاح
شجرة المشمش

5. أي شجرة لها ثمار برتقالية اللُّب؟

6. ما اسم الشجرة التي تعطي ثمار اللوز؟

7. أي شجرة منها تعطي ثمارها زيتًا؟

8. أي شجرة مثمرة تشكل أحراشًا كبيرة؟

ما قدرات الأشجار؟

أبطال التكيف

**على غرار كل الكائنات الحيَّة، يتعيَّن على الشجرة أن تدرك ما يحصل حولها وتتفاعل معه.
فكيف يتم ذلك؟**

سرُّ الأشجار

لا تملك الشجرة دماغًا ولا قلبًا. وتتوزع وظائفها الحيوية في مجمل أوراقها، وجذعها، وجذورها. وبفضل هذا التنظيم الموزع، يقل خطر تعرض الشجرة لفقدان إحدى وظائفها الحيوية إذا هاجمها حيوان مفترس.

أوراق متعدِّدة الاستعمالات

للشجرة آلاف الأوراق وتقوم كل واحدة منها مقام العينين والأمعاء والرئتين.
ومثل العيون، تميِّز الأوراق موقع صدور الضوء وتميل نحوه لالتقاطه.
ومثل الأمعاء لدينا، تمتص الأوراق غذاء الشجرة وتهضمه. ومثل وظيفة الرئتين، تتنفس الأشجار عبر أوراقها وتتبادل العناصر مع الهواء.

الجذور الحسَّاسة

تنمو على جذور الشجرة ملايين البراعم الحسَّاسة. ويعمل كل منها عمل الأذنين واليدين لاستكشاف التربة. وبذلك فإنها تشعر بصوت الماء وتنمو في اتجاه مجراه.

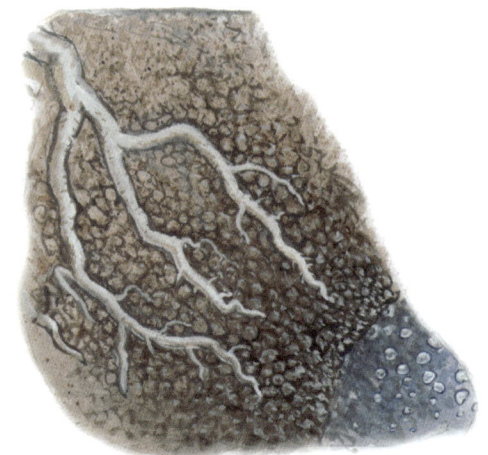

ثلاث قوى فائقة

تماسك التربة وتغذيتها

تحفظ جذور الأشجار التربة كي لا تجرفها الأمطار.
وتعطي الأوراق الميتة عند تحللها السماد الطبيعي.

إنعاش التربة وريُّها

ترشح الشجرة المورقة حتى 200 لتر من الماء يوميًّا في الصيف. تراكم الأشجار الماء في أوراقها وتطرح جزءًا منه، ما يسهم في إنعاش الجو وقد يسبب هطول المطر.

تنقية الجو

أثناء التمثيل الضوئي، تلتقط الأشجار ثاني أكسيد الكربون (CO_2) من الهواء، وتحتفظ به في خشبها، وبذلك تنقص كمية هذا الغاز المسؤول عن الاحترار المناخي.
أما الأوراق، فإنها تصفي الهواء من الجزئيات الدقيقة (الخطيرة على رئاتنا) وتمتص بعض الغازات الملوَّثة.

تحت المجهر

الأشجار تقاوم العقبات

عندما تنبت الشجرة على منحدر، تكون قادرة على الانتصاب عموديًا أثناء نموها.

الأرزية الأوروبية

تطور الأشجار الصنوبرية التي تعيش على شاطئ البحر المزيد من الأغصان والأوراق بوضعية لا تعرِّضها للريح.

الصنوبر البحري

عندما ترعى الأيائل قمة شجرة صنوبر صغيرة، فإنَّ الأغصان الموجودة على جانبيها تتمدَّد كي تعيد لها شكلها.

الدُلب

يمكن للشجرة أن ترفع قار الأرصفة نتيجة الضغط الهائل للجذور أثناء نموها!

الشوح

مع الوقت، يمكن للحاء الشجرة أن يلتف حول حاجز، أو عمود، أو حزمة أسلاك. إذ تغطيها القشرة شيئًا فشيئًا حتى تصبح داخل الخشب.

شجرة الجراد

منتِجات الخشب

تنتج الأشجار موادَّ لا يعرف البشر إنتاجها.

الخشب، مادة أولية قوية

يختلف لون الخشب وبنيته باختلاف الأشجار التي تنتجه.
كلما كان نمو الشجرة بطيئًا، كلما أصبح خشبها سميكًا وثقيلًا.
يستخدم النجارون الخشب الميت الموجود في قلب الجذع، لأنه أكثر صلابة.

قطْعُ الخشب؟

يُقطع الخشب بمجرد توقف الشجرة عن النمو. وبعد قطعها، يُنَظف الجذع من أغصانه، ثم ينقل إلى منشرة.
هناك يجفَّف الخشب، ويعالج ضد الحشرات والفطريات، ويُقطَّع على شكل ألواح.
تستخدم الأغصان في التدفئة أو إنتاج الورق أو الكرتون على سبيل المثال.

إنتاجات أخرى

الصمغ
يُجنى الصمغ من الصنوبريات بعد شقِّ لحائها. ويستخدم في تصنيع الأدوية أو الطلاء.

تنتج الشجرة الصمغ لتتعافى من جراحها. وهو ليس نسغًا.

الفلين
تنتج قشرة شجرة البلوط الفلين كل 10 أعوام. ويعد الفلين عازلًا ممتازًا للضجيج والبرد.
ويسهم أيضًا في إنتاج سدادات القوارير.

الأغصان
تستخدم أغصان المُران والدردار للتدفئة، وتتميَّز بأنَّها تنمو بسرعة كبيرة. وتستخدم الأوراق في غذاء المواشي.

تسمَّى الشرغوف تلك الأشجار التي تقطع أغصانها كل 6 إلى 15 عامًا.

المسابقة

الخشب من حولك

1. لبناء قطعة من الأثاث، نستخدم...

أ الجذع.

ب الخشب الميت والجاف.

ج الجذور.

2. عيدان الثقاب تكون مصنوعة من ...

أ خشب الأرز.

ب خشب البلوط.

ج خشب الحور.

3. العارضات التي تدعم سكك الحديد مصنوعة...

أ من الحديد.

ب من خَشَب السِّنْديان الصلب.

ج من البلاستيك.

4. يمكن إعادة تدوير ألياف الخشب...

أ مرة واحدة.

ب خمس مرات.

ج إلى ما لا نهاية.

الأشجار المنتجة للثمار

كل الأشجار تنتج الثمار، ولكن لا تصلح جميعها للاستهلاك الآدمي.

من أين تأتي الثمرة؟

تتشكل ثمرة الشجرة من **زهرة مخصبة**. وتحتوي على البذرة أو البذور داخل **لبٍّ** تغلفه قشرة سميكة إلى حدٍّ ما.

قشرة مناسبة للأكل

بعض الثمار مثل التفاح أو الخوخ أو البرتقال، لديها **نواة** أو **بذور** مغلفة بلبٍّ عصاري نأكله نحن البشر.

يغلف لبُّ الإجاصة عشرة بذور أو النوى.

بذور للقرمشة

أما بالنسبة لثمار أخرى، مثل ثمار شجرة الجوز واللوز والكستناء، فإننا **نأكل البذرة** بعد إخراجها من الغلاف الذي يشكل حولها قشرة صلبة بصلابة الخشب، وغير قابلة للأكل.

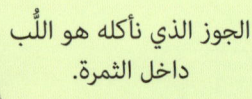

الجوز الذي نأكله هو اللبُّ داخل الثمرة.

الأزهار والأوراق نجنيها أيضًا

* يمكن إعداد شايٍ من أزهار شجرة الزيزفون التي نقطفها عندما تتفتح، أي قبل أن تتحول إلى ثمار.

زهرة زيزفون

* في المناطق المدارية، تستخدم الأوراق اليانعة لشجرة الشاي في تصنيع أنواع مختلفة من الشاي.

ورقة شاي

* تستخدم أوراق الغار، وإكليل الجبل، والمريمية، والزعتر في الطبخ لإضفاء النكهة على أطباقنا.

إكليل الجبل
يمكن قطف أوراق إكليل الجبل طوال السنة.

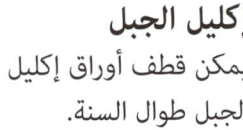

* تستخدم أوراق الكينا أو الدردار، وقشرة شجر الصفصاف، وبراعم الصنوبر والأرْز أو حتى أكواز السرو لتصنيع الأدوية.

ثمار السرو الخضراء
تعطي دواء معروفًا لتحسين الدورة الدموية.

48

حيوانات تتغذى على الأشجار

آكلات الأوراق
تتغذى يرقات الفراشات على الأوراق.

لكل نوع من أنواع الفراشات شجرتها المفضلة. فعلى سبيل المثال، تتغذى **دودة الحرير**، وهي يرقانة دودة القز على أوراق شجرة التوت الأبيض.

آكلات الثمار
تجذب الثمار ذات الألوان الزاهية الطيور إلى الشجرة.

تعتبر بذور المُضاض الأوروبي من الثمار المفضلة لطائر **أبو الحناء الأوروبي**.

آكلات البذور
تجمع القوارض غالبًا البذور عن الأرض.

تقضم **الفئران** البلوط، أو البندق، أو بذور الكرز التي تجدها عند جذوع الأشجار.

آكلات الخشب
تنمو يرقانات فصيلة الخنافس، من قبيل القرنبي الكبير، لفترة 6 أشهر عبر قضم الخشب.

تولد **يرقانة القرنبي الكبير** تحت القشرة، ثم تنغرز أكثر فأكثر لتتغذى، قبل أن تصبح قادرة على الطيران.

إضاءة

≪ مواهب مدهشة ≫

اكتشف العلماء، خلال دراستهم للأشجار، معلومات كثيرة مذهلة عن طريقة عيشها؛ ولا يزال هناك الكثير بانتظار اكتشافه!

الأشجار تتواصل فيما بينها

* ترسل إلى بعضها بعضًا رسائل جوية...
لاحظنا، في جنوب إفريقيا، ردة فعل شجرة السنط (الأكاسيا) حين يقضم الظبي أوراقها.
- تفرز الشجرة مادة سامة تجعل أوراقها صعبة الهضم، حين يبدأ الظبي بأكلها.
- يتوقف الظبي عن الأكل، ويتوجه نحو شجرة أخرى من نوعها.
- لكن الشجرة الأولى تكون قد أطلقت غازًا لإنذار أشجار السنط الأخرى. هكذا تصبح أوراقها سامة، قبل أن يباشر الظبي بالانقضاض عليها!

* ... أو رسائل تحت الأرض
تطلق الشجرة التي تكون أوراقها مريضة موادَّ تصل إلى جذورها. وتطلق حبات الفطر التي تتلامس مع الجذور إشارة إنذار إلى الأشجار الأخرى (سواء كانت أو لم تكن من الفصيلة ذاتها)، وتساعدها كي تأخذ حذرها.

50

الأشجار تتبادل المساعدة

* تحمي ظلال الأشجار الكبيرة البراعم الصغيرة كي لا تحرقها أشعة الشمس. لكنَّ البراعم تتنافس فيما بينها للحصول على الضوء كي تنمو، فالأقوى يمنع الهواء عن الأكثر هشاشة ويخنقها. ومن ثم، فإن البراعم الأكثر قوة تصبح أشجاراً كبيرة لاحقًا.

* في الغابة الاستوائية الكثيفة، تكاد الشمس لا تخترق الأشجار، لذلك تظل أوراق الأشجار الكبيرة على مسافة من بعضها بعضًا حيث تدرك جميعها حاجة جارتها للأشعة، وتتجنب تظليلها.

* حين تقطع شجرة من جذعها، تعطيها جاراتها القليل من الغذاء (فلا أوراق على جذعها تمدُّها بالغذاء) عبر جذورها المتصلة. هذه المساعدة تمكِّن القطع من الالتئام، فلا تتعفَّن الشجرة، وتبني ببطء غلافًا واقيًا من الخشب واللحاء.

في ريف الدول المتوسطية

البلوط الأخضر
الصنوبر الثمري
قيقب المونبلييه
شوك النار

برج المراقبة

1. أي شجرة مورقة تبقى أوراقها في فصل الخريف؟

2. أي شجرة راتينجية لها أكواز حمراء اللون؟

3. أي شُجَيْرة تغطيها أزهار بيضاء اللون في الشتاء؟

4. أي شُجَيْرة تُثمر وتزّهِر في الوقت ذاته؟

الصنوبر الحلبي

سرو البحر المتوسط

قطلب أونيدو

خلنج الشجري

5. أي شجرة مورقة تفقد أوراقها قبل فصل الشتاء؟

6. أي شجرة كبيرة لها قمة منبسطة على شكل مظلة؟

7. أي شُجَيْرة تغطيها فاكهة حمراء زاهية في فصل الشتاء؟

8. أي شجرة تقف مستقيمة مثل حرف الألف؟

أشجار مذهلة

الأرقام القياسية للأشجار

الماغنوليا

هي الشجرة التي تحمل الأزهار الأكبر حجمًا حيث يصل قطرها إلى 20 سم.

الكاكايا

تحمل هذه الشجرة التي تعود أصولها للهند وبنغلاديش أكبر الثمار حجمًا، حيث يفوق وزن الثمرة الواحدة 25 كيلوغرامًا.

السيكويا دائمة الخضرة

تعد هذه الشجرة الصنوبرية التي تغطي غابات الساحل الغربي من الولايات المتحدة من أطول الأشجار في العالم. وقد يصل طول بعضها إلى 115 مترًا.

السنديان الفليني

تنتج هذه الشجرة ذات الأوراق الدائمة أكثر القشور سماكة. ويتم جني هذه القشرة لتصنيع سدادات الفلين.

السنط كثيف الأزهار
إنها أكثر الأشجار قدمًا، يعود تاريخها إلى 43 ألف عام. لها أزهار جميلة، ولكنها لا تنتج ثمارًا ولا بذورًا. وتتجذَّر أغصانها وتشكل جنبات تتجدد باستمرار.

الفلفيتشية
هذه الشجرة الصحراوية ذات الجذع المدفون في الرمال لديها الأوراق الأكثر طولًا. ورقتان منها تواصلان النمو حتى يصل طول الواحدة إلى 4 أمتار، فتلتف وتتشابك على الأرض.

شجرة التبلدي
تنمو هذه الشجرة في إفريقيا ولها أكثر الجذوع ضخامة. يتراوح محيط جذوعها بين 25 و30 مترًا. والإحاطة بجذعها تتطلب 20 شخصًا متشابكي الأيدي.

الجِنْكَة
تعود أصولها إلى الصين، وهي أقدم الأشجار، ويعود تاريخ نموها على كوكب الأرض إلى ما قبل الديناصورات.

تين الهند
تعود أصول هذه الشجرة إلى جنوب آسيا، وتنمو لديها أكبر عدد من الأغصان كونها مدعومة بجذور هوائية، وتغطي مساحة قد تصل إلى هكتار واحد (100 متر مربع).

أشجار أوراقها متساقطة

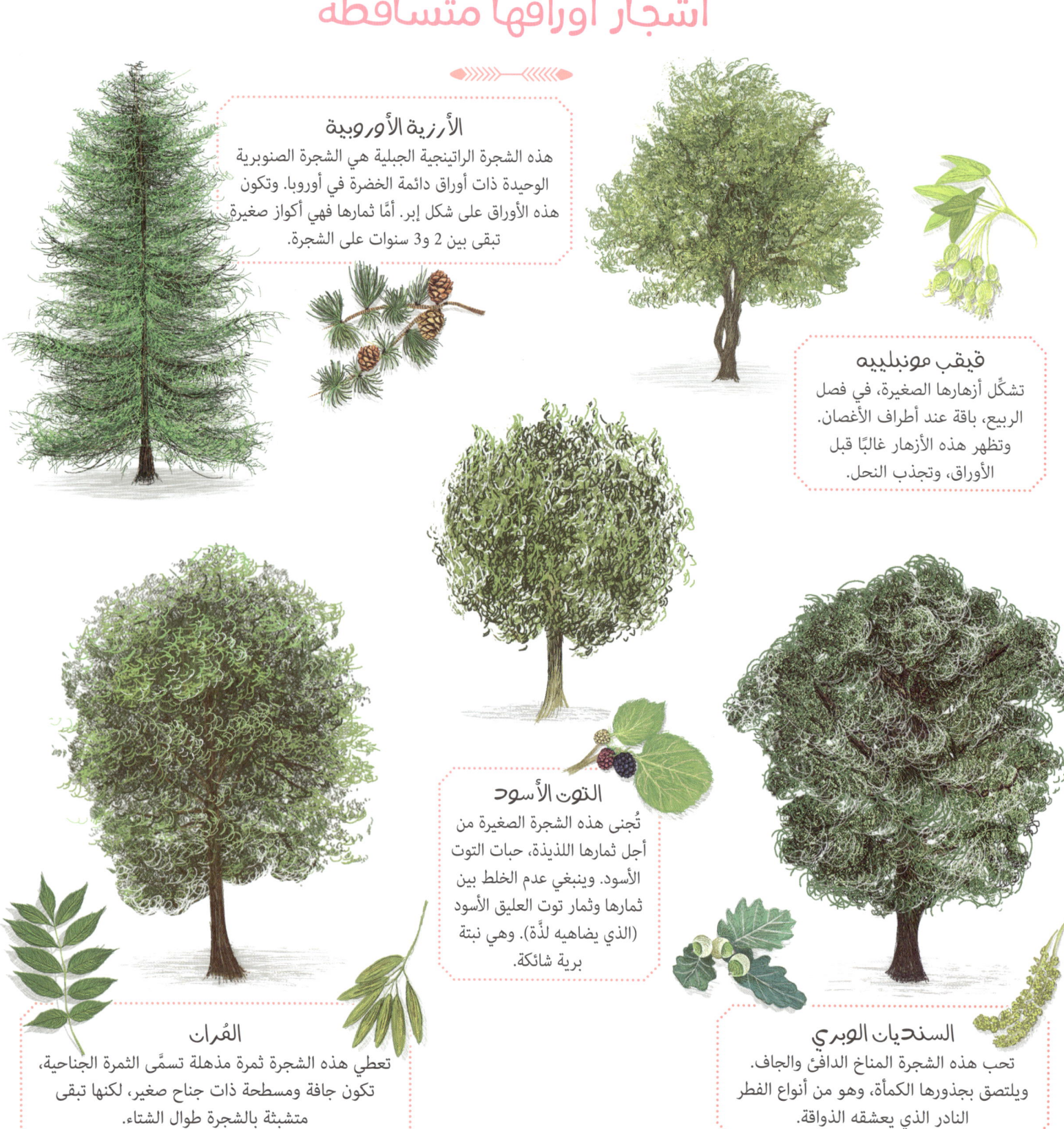

الأرزية الأوروبية
هذه الشجرة الراتينجية الجبلية هي الشجرة الصنوبرية الوحيدة ذات أوراق دائمة الخضرة في أوروبا. وتكون هذه الأوراق على شكل إبر. أمّا ثمارها فهي أكواز صغيرة تبقى بين 2 و3 سنوات على الشجرة.

قيقب مونبلييه
تشكِّل أزهارها الصغيرة، في فصل الربيع، باقة عند أطراف الأغصان. وتظهر هذه الأزهار غالبًا قبل الأوراق، وتجذب النحل.

التوت الأسود
تُجنى هذه الشجرة الصغيرة من أجل ثمارها اللذيذة، حبات التوت الأسود. وينبغي عدم الخلط بين ثمارها وثمار العليق الأسود (الذي يضاهيه لذَّة). وهي نبتة برية شائكة.

المُران
تعطي هذه الشجرة ثمرة مذهلة تسمَّى الثمرة الجناحية، تكون جافة ومسطحة ذات جناح صغير، لكنها تبقى متشبثة بالشجرة طوال الشتاء.

السنديان الوبري
تحب هذه الشجرة المناخ الدافئ والجاف. ويلتصق بجذورها الكمأة، وهو من أنواع الفطر النادر الذي يعشقه الذواقة.

المَيْس

تزرع هذه الشجرة ومصدرها الجنوب، على جوانب الطرق غالبًا. وتتشقق قشرتها الرمادية مع تقدمها بالعمر. وتشبه ثمارها حبات الكرز ولكن لبَّها بلا طعم.

صفصاف المعز

تكون الأزهار الذكورية لهذا الصفصاف ضخمة، وحريرية، وصفراء. وعلى غرار كل أشجار الصفصاف، تكون الأزهار الأنثوية على أشجار أخرى.

الجوز

يمكن أن يصل ارتفاع هذه الشجرة إلى 20 متراً، وتزرع من أجل جني خشبها الذي يستخدم لتصنيع الأثاث، ومن أجل ثمار الجوز.

القيقب الدلبي الكاذب

إنَّها أكبر أشجار القيقب حجمًا، ويمكن أن يصل ارتفاعها إلى 30 مترًا. وعلى غرار أشجار القيقب الأخرى، تكون ثمارها ذات جناحين.

الكستناء

تعيش هذه الشجرة في الغابات. وقد يصبح جذعها ضخمًا وأجوفَ مع تقدمها في العمر. وتُغلَّف كل ثمرتين أو ثلاث ثمرات منها- أي حبات الكستناء - بغلاف شائك.

الأشجار دائمة الأوراق

الطقسوس التوتي

هذه الشجرة الصنوبرية لا صمغية، ولا تطلق أي رائحة ولا تنتج أي أكواز صنوبرية. تحمل الشجرة الأنثوية ثمارًا لحيمة تسمى العنبية.

قطلب أونيدو

تسمَّى هذه الشجرة أيضًا شجرة الفراولة، ولا يزيد ارتفاعها على 9 أمتار. تحتفظ بأوراقها طوال السنة، وفي بداية الشتاء، تحمل أزهارًا وثمارًا ناضجة في الوقت ذاته.

العرعر الشائع

للعرعر الشائع إبر قصيرة وشائكة. وحدها الشجيرات التي تحمل أزهارًا أنثوية تنتج ثمارًا، إنها توت العرعر التي تستغرق 3 سنوات كي تنضج.

أوكالبتوس عريض الورق

تعود أصول هذه الشجرة إلى أستراليا وتزرع في المناطق المتوسطية. تطلق أوراقها رائحة عطرة، وأزهارها بلا بتلات، في حين أن ثمارها رمادية مائلة إلى الزرقة.

شجرة الزيتون

يصبح جذع هذه الشجرة المتوسطية معوجًا وكثير العُقد مع التقدم في العمر. وتعطي عناقيد الأزهار فاكهة ذات نواة هي حبات الزيتون.

الصنوبر الثمري

تنسب تسمية هذه الشجرة إلى قمتها المرتفعة التي تتسطح على شكل مظلة. ويمكن لكوز الصنوبر الثمري أن يحتوي على 100 حبة صنوبر صالحة للأكل.

الصنوبر البحري

لهذه الشجرة الصنوبرية المنتجة للصمغ إبر طويلة جدًّا تتواجد على الشجرة طوال 3 سنوات.

العفص

تنمو هذه الشجرة ببطء وقد يصل ارتفاعها إلى 20 مترًا. وتغطي أوراقها الصغيرة الحرشفية الشكل كل الغصن. ولها أكواز شديدة الصغر.

شوح دوغلاس

إنها شجرة صنوبرية أميركية تطلق إبرها رائحة تشبه رائحة الليمون. تنمو بسرعة كبيرة وعلى ارتفاع عال، وتزرع من أجل خشبها.

السنديان الأخضر

تحمل هذه الشجرة ذات الأوراق الدائمة أزهارًا ذكرية وأخرى أنثوية. وحدها الأزهار الأنثوية تعطي ثمارًا.

أشجار الزينة

الزان الأوروبي
تتلون أوراق هذه الشجرة في فصل الصيف، بلون أحمر غامق يخفي اللون الأخضر للكلوروفيل.

أرز لبنان
شجرة كبيرة وجليلة، تعرف بجذعها القصير البدين وأغصانها الطويلة التي تتخذ وضعًا أفقيًا تقريبًا. يمكن أن تعيش أكثر من 1500 عام.

زنبق فرجينيا
تعود أصوله إلى أميركا الشمالية. وتشبه أزهاره زهرات التوليب الضخمة البرتقالية اللون.

الصفصاف البابلي
لهذه الشجرة أوراق طويلة ورقيقة، تغطي حزم أغصانها الطويلة والمتدلية. لا تنمو هذه الشجرة من بذرة بل تزرع عن طريق غرس الفسلات أو بالتطعيم.

التمر حنا الإفرنجي
تحظى هذه الشجرة التي تعود أصولها إلى آسيا بالتقدير بفضل أزهارها على شكل عناقيد ضخمة ورديَّة اللون، وأوراقها الكثيفة التي يتغير لونها إلى الأحمر الفاتح في فصل الخريف.

الشمشاد
يمكن أن يصل ارتفاع هذه الشُجَيْرة دائمة الخضرة إلى 6 أمتار في الغابات. لكن في الحدائق تقلم وفق أشكال مختلفة.

البولفينية
هذه الشجرة الإمبراطورية التي يفوق ارتفاعها 15 مترًا، تبدو رائعة الشكل حين تغطيها أزهار بنفسجية اللون في فصل الربيع.

الكتلبة البنيونية
نجد هذه الشجرة غالبًا في الحدائق العامة وفي الساحات. تكون أوراقها على شكل قلب، في حين تتخذ ثمارها شكل فصوص طويلة تدوم طوال الشتاء.

المَيْعَة
تتحول أوراق هذه الشجرة في فصل الخريف، من اللون الأخضر إلى الأحمر، فالبرتقالي ثم البنفسجي، ثم تصبح بنية وتتساقط.

الزمزريق الأثيبي
تنتشر عناقيد الأزهار الورديَّة لهذه الشجرة مباشرة على الأغصان، أو على الجذع قبل ظهور الأوراق.

أشجار مذهلة

القندل المؤنف

تنمو هذه الشجرة على السواحل المدارية. وخلال فترات الجزر تنكشف جذورها. تنبت بذرتها على الشجرة ثم تنفصل الشُتَيْلة عنها، وتطفو على سطح الماء أو تنغرز في التربة.

القابوق خماسي الأسدية

يصل ارتفاعها إلى 60 مترًا في المناطق المدارية. وتشكل جذورها دعامات مغطاة بإبر حول جذعها. وتنتج ثمارها ليف القابوق الذي يستخدم في حشو الوسائد.

تاكسوديم

تنمو هذه الشجرة الصنوبرية في المستنقعات. وتبرز جذورها خارج الماء لتمتص الهواء. وتكون أوراقها دائمة الخضرة.

الميموزا

تعود أصول هذه الشجرة إلى أستراليا. في أوروبا والمناطق المتوسطية، تظهر الأزهار الصفراء والعطرة عند نهاية الشتاء.

القَسْوَر

استقدمت هذه الشجرة من الصين. وتجذب أزهارها العطرة الفراشات.

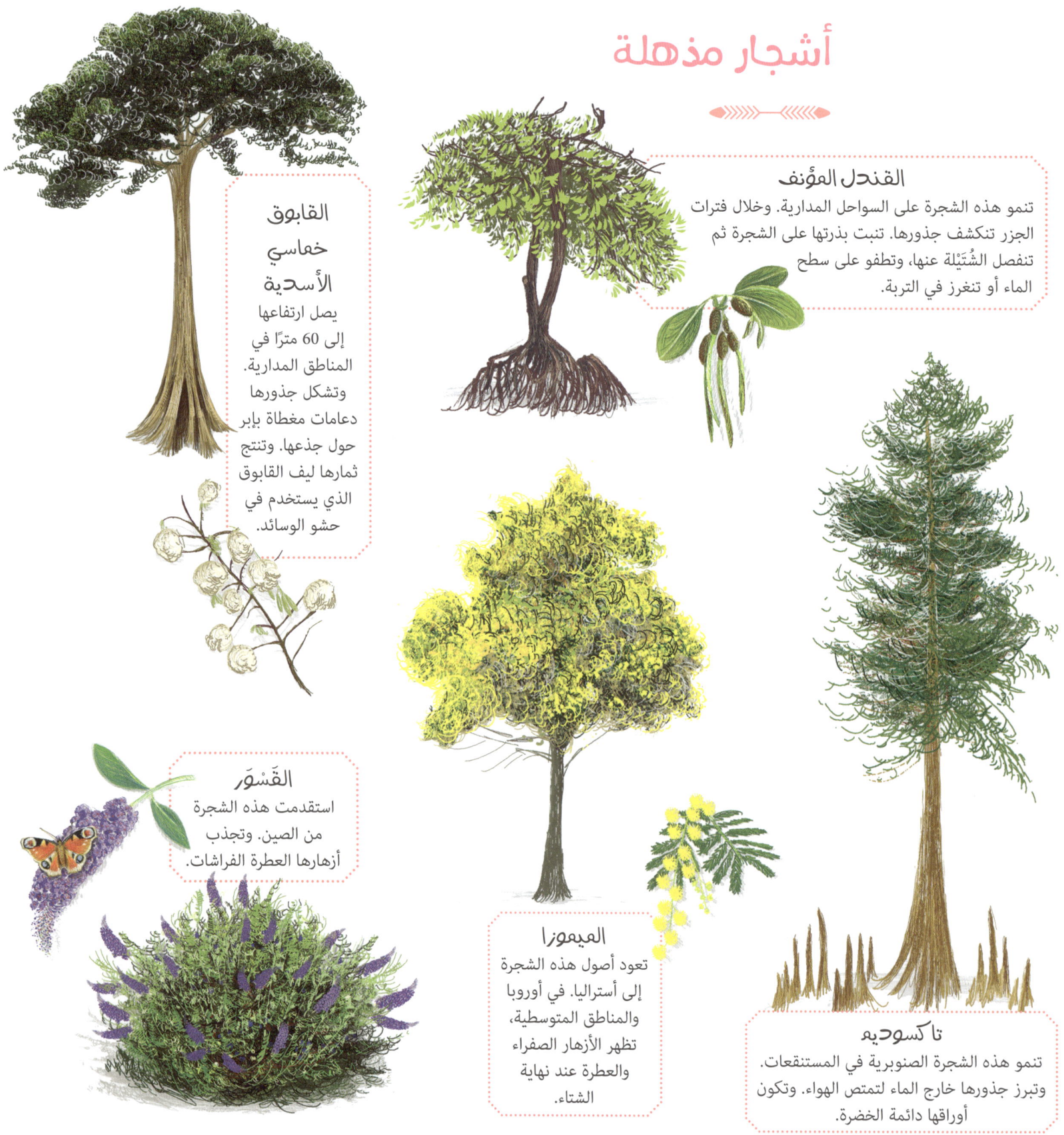

الروبينية السنطية-
شجرة الجراد

هذه الشجرة أمريكية الأصل. لها أزهار على شكل فصوص طويلة بنية.

الأيلنط الباسق

تعود أصول هذه الشجرة للصين وتنمو بسرعة. وتنتج الأشجار الأنثوية العديد الثمرات الجناحية التي تنبت بسهولة.

الكزوارينة كنباتية الأوراق

تطلق على هذه الشجرة تسمية «الخشب الحديدي» بسبب خشبها شديد الصلابة. أوراقها دائمة، وثمارها تشبه الأكواز مع أنها ليست صنوبرية.

شجرة الكاكاو

تزرع هذه الشجرة في المناطق المدارية للاستفادة من حبوبها التي تتحول إلى مسحوق الكاكاو. وتنمو ثمارها التي تحتوي على حبوب الكاكاو على الجذع مباشرة.

الأروكاريا الأروكانية

تكون أوراق هذه الشجرة الصنوبرية، التي تسمى أيضًا «يأس القرد» على شكل حراشف صلبة ومستدقة حول الأغصان. وتغطي أكوازها إبر ذهبية.

》》》》 ثمار لذيذة 《《《《

هل يمكنك أن تجد في هذا الكتاب الأشجار التي تنمو عليها هذه الثمار؟

1. قطلب أونيدو
تحتاج هذه الثمرة المغطاة برؤوس صغيرة نحو عامٍ كي تنضج.

2. التوت الأسود
للاستمتاع بطعم هذه الثمرة، يجب قطفها عندما تكون ناضجة تمامًا وأكلها مباشرة!

3. الكاكاو
تحتوي هذه الثمرة المدارية على البذور التي تعطينا الكاكاو حين تنضج.

4. البندق
تحب الحيوانات القارضة، مثل السنجاب، هذه الثمرة الجافة فتجمعها وتخزِّنها لفصل الشتاء.

5. الكرز
تختلف هذه الثمرة باختلاف نوعها، فقد تكون حمراء أو سوداء أو حتى صفراء.

6. الجوز
تمدُّ هذه الثمرة الجسم بالطاقة، وهي مثالية لتسكين الجوع عند الشعور به.

7. الكستناء
يفتح الغلاف الشائك لهذه الثمرة عند نضجها، ويحرِّر حبوبها الصالحة للأكل.

8. الإجاصة
تتواجد هذه الثمرة بأكثر من ألفي نوع، ولا تزرع إلا في البلاد الدافئة المناخ.

9. الكاكايا
تعرف باسم جاك فروت، لا تنبت هذه الثمرة المدارية الضخمة إلا على الأغصان القديمة للشجرة أو على جذعها.

10. التفاحة
تحتوي نواتها على السم... ولكنه يتواجد بكميات صغيرة غير مؤذية!

66

فهرس

إجاص (كمثرى) 42، 50، 68
أرز لبنان 50
أرزية أوروبية 3، 36، 47، 60
أروكاريا أروكانية 67
أشنة 13
إكليل الجبل 50
أوكالبتوس 12
أوكالبتوس عريض الورق 62
أيلنط باسق 67
برتقال 50
بلسان 35
بلوط 15، 34، 36، 39
بلوط ذو ساق معلاقية 31
بلوط أخضر 54، 71
بَهْشِيَّة مائية الأوراق 3، 28، 31، 37، 38
بندق 10، 68
بولفينية 65
تاكسوديم 66
تمر حنا أفرنجي 3، 64
تبلدي 2، 50
تفاح 38، 50، 68
تنوب شوحي 2، 16، 25، 31، 34
تين 42
تين الهند 59
توت أبيض 51
توت أسود 60، 68
جنكة 2، 37
جولق 2
جنكة ذو الفصين 59
جوز 3، 25، 30، 36، 50، 61، 68
حَوْر 37
خلنج 10
خلنج شجري 55
خوخ 50
خيزران 10
دبق 13
دردار 48، 50
دردار أصغر 35
دلب 12، 15، 47
دلب هسباني 19
رتم 10
روبينية سنطية 28، 70
زان 14، 25، 30، 34، 35
زان أوروبي 64
زعتر 50
زمزريق أثيبي 65
زنبق فرجينيا 64
زهرة العنقود 38
زيتون 15، 42، 62، 70
زيزفون 50
زيزفون صغير الأوراق 30
زيزفون لبدي 18
سرو 50
سرو البحر المتوسط 55
سيكويا دائمة الخضرة 58
سنديان وبري 60
سنديان أخضر 63
سنديان قوي 11
سنديان فليني 58
سفرجل 42
سنط (أكاسيا) 52
سنط كثيف الأزهار 59
شجرة الجراد 15، 47، 67
شرد 2، 19، 40، 41
شرغوف 48
فلين 48
شاي 50
شمشاد 18، 65
شوح 47
شوح دوغلاس 63
شوك النار 54
صفصاف 37، 50
صفصاف بابلي 18، 64، 70
صفصاف المعز 61
صمغ 29، 48
صنوبر 35
صنوبر بحري 12، 47، 63
صنوبر بري 14، 30
صنوبر ثمري 54، 63
صنوبر حلبي 55
طقسوس توتي 3، 28، 62
عرعر 14
عرعر شائع 62
عفص 38، 63، 70
غار 50
فلفيتشية 59، 71
قابوق خماسي الأسدية 3، 66
قطلب أونيدو 55، 62، 68
قَسْوَر 66
قضبان (بتيولا) 12
قضبان فضي 31
قندل مؤنف 66، 70
قيقب 39
قيقب دلبي كاذب 61
قيقب حقلي 14
قيقب مونبلييه 54، 60
كاكايا 3، 55، 68
كاكاو 67، 68
كتلبة بنيونية 65
كرز 17، 29، 35، 36، 68
كرز طويل الساق 43
كزوارينة كنباثية الأوراق 2، 67
كستناء 14، 15، 39، 50، 61، 68
كستناء هندي 19، 35،
كينا 50
لوز 43، 50
لبلاب ،13 36
ليلك 38
ماغنوليا 58
مُران 15، 48، 60
مُران عال 15
مشمش 43
مريمية 50
مُضاض أوروبي 51
مَيْعَة 65
موز 18
مَيْس 61
ميموزا 66
نغت 25، 35
نخلة 10

حلول المسابقات

«ما الأشجار؟»

ص. 13 «المسابقة»: 1ب، 2ت، 3أ، 4ب.

ص. 15«تحت المجهر» البلوط، زهرة العنقود، الزيتون، المُران.

ص. 18-19 «برج المراقبة»:
1. الزيزفون اللبدي. 2. الكستناء الهندي.
3. الدلب الهسباني. 4. الشرد.
5. الصفصاف البابلي. 6. الموز.
7. أرز لبنان. 8. الشمشاد.

«كيف تنمو الشجرة؟»

ص. 27 «المسابقة»: 1ت، 2ت، 3ب، 4أ.

ص. 30-31 «برج المراقبة»:
1. شجرة الجوز. 2. بلوط ذو ساق معلاقية. 3. الزان. 4. الزيزفون صغيرة الأوراق. 5. الصنوبر البري. 6. التنوب الشوحي. 7. القضبان الفضي.
8. البَهْشِيَّة مائية الأوراق.

«كيف تولد الشجرة؟»

ص. 42-43 «برج المراقبة»:
1. شجرة الإجاص. 2. شجرة التفاح.
3. شجرة السفرجل. 4. شجرة الكرز.
5. شجرة المشمش. 6. شجرة المشمش.
7. شجرة اللوز. 8. شجرة الزيتون.
9. شجرة التين.

«ما قدرات الشجر؟»

ص. 49 «المسابقة»: 1أ، 2ت، 3ب، 4ب.

ص. 54-55 «برج المراقبة»:
1. السنديان الأخضر. 2. الصنوبر الحلبي.
3. الخلنج الشجري. 4. قطلب أونيدو.
5. قيقب مونبلييه. 6. الصنوبر الثمري.
7. شوك النار. 8. سرو البحر المتوسط.

67

شجرة زيتون

القندل المؤنف

الأسداء الأربع لأزهار
البَهْشِيَّة مائية الأوراق

الروبينية السنطية

الصفصاف البابلي

العفص

جذع باسق

الريح تقولب شكل الشجرة

الفلفيتشية

يرقانة القرنبي الأبيض آكلة
الخشب

البلوط الأخضر

شجرة ميتة خالية
من الأوراق

التبلدي

الجولق

التنوب الشوحي

ورقة مسنَّنة كأوراق
الكستناء

الشرد

الجِنْكَة

الكزوارينة كنبائية الأوراق